Bangkok
lieben lernen

Der perfekte Reiseführer für einen unvergesslichen Aufenthalt in Bangkok inkl. Insider-Tipps, Tipps zum Geldsparen und Packliste

Anita Dannen

✈ INHALT

Das erwartet Sie in diesem Buch

Sie sind auf der Suche nach einem unvergesslichen Abenteuer und möchten eine Vielfalt an Architektur, Kultur und Kunst erleben? Bangkok ist dafür das perfekte Reiseziel. Einmal erlebt und für immer verzaubert! Dieses Buch bietet Ihnen eine Vielzahl an Informationen, welche für Sie zur Planung nützlich sein können, inklusive Tipps und Tricks für unterwegs. Lassen Sie sich verzaubern von Bräuchen, Sitten und exotischen Leckereien. Ebenso werden Sie mit dem geschichtlichen

Hintergrund vertraut gemacht und dies verschafft Ihnen einen kleinen Einblick in die Religion und Vielseitigkeit der Stadt.

Bangkok ist eine Stadt, die nie schläft, weshalb sie auch immer mehr Menschen in ihren Bann zieht. Lernen Sie „das Venedig des Ostens" durch eine Bootsfahrt besser kennen und erkunden Sie die zentralen Kanäle in einem typischen Langheckboot. Sie haben lieber festen Boden unter den Füßen? Kein Problem. Erkunden Sie die Stadt durch eine Fahrt im Tuk Tuk oder lassen Sie die Wolkenkratzer der Stadt im Skytrain an Ihnen vorbeiziehen.

Reisen Sie ohne Vorurteile und lassen Sie sich von der Umgebung verzaubern. Das Buch wird Ihnen einen Anreiz geben, auf welche Sehenswürdigkeiten Sie sich freuen können und welche Investitionen sich lohnen werden!

Warum eine Reise nach Bangkok?

Dies ist zu Anfang eine sehr berechtigte Frage und wenn Sie selbst in sich hinein hören und sich fragen, „warum wollen Sie nach Bangkok reisen?", was werden Sie wohl als Antwort erhalten?

Bangkok ist eine Stadt, die nie schläft und in der Sie immer etwas erleben werden, da es so viele faszinierende Facetten gibt. Sie haben die Möglichkeit, mehr über eine fremde Stadt zu lernen, in der es 93,3 % Theravada Buddhisten, 5,1 % Muslime und 1%

Christen gibt. Allein die religiösen Hintergründe, die über 400 buddhistischen Tempel, die alten Mauern und Häuser sowie die noch anzutreffenden Mönche sind Themen, mit denen Sie sich in einem weiten Spektrum auseinandersetzen, die Sie erleben und bewundern können. Darüber hinaus ist es unfassbar, zu sehen, wie aus einem kleinen Ort eine riesige Metropole gewachsen ist, welche von Slums bis hin zu Reichenviertel alles unter einen Hut bringt.

Menschlich wird man trotz alldem so akzeptiert, wie man ist. Die Einheimischen werden Sie sofort als Tourist erkennen und sie werden auch keine Scheu haben, auf Sie zuzugehen, wenn sie merken, dass Sie nicht wissen, wohin Sie müssen oder wo Sie gerade sind. Sie sind weltoffen und sehr freundlich im Kontakt. Leider können viele Menschen keine Fremdsprachen, was die Kommunikation ein wenig erschwert, jedoch ist den Thais dies egal und sie versuchen, ihren Ort so gut wie möglich zu präsentieren, damit Sie einen guten Aufenthalt haben werden. Sie haben die Chance, exotische Speisen, Gerichte und Snacks zu probieren und die thailändische Küche so zu erfahren, wie es sie nirgends gibt. Sollten Sie kein Interesse daran haben, sich geschichtlich weiterzubilden oder mehr über den Buddhismus zu erfahren, so wäre dieses Reiseziel nicht das Richtige. Man sollte ein gewisses Maß an Neugier und Interesse mitbringen, um diese Stadt zu verstehen und zu begreifen.

Sie sollten einige Zeit einplanen, um alles genau ansehen und auch die Zeit genießen zu können. Gehen Sie ohne Vorurteile an die Reise, da dies auch von den Thais so gehandhabt wird – Ihrer Person gegenüber. Sammeln Sie so viele Momente wie nur möglich und gestalten Sie die Reise nach Ihren Wünschen und Bedürfnissen. Und vielleicht antwortet Ihr Körper auf die Frage, warum Sie nach Bangkok wollen, auch einfach nur damit, dass Sie Drehplätze von den Filmen Hangover sehen wollen, dann ist das auch völlig in Ordnung. Hauptsache Sie haben Spaß und Interesse an dieser Stadt und nehmen alle positiven Dinge auf und denken auch ein wenig über sich selbst und Ihr Leben nach.

Die Geschichte und Entstehung

Bangkok (thailändisch Krung Thep Maha Nakhon; kurz Krung Thep (="Stadt der Engel") genannt) ist seit 1782 die Hauptstadt des Königreichs Thailand und wird von einem Gouverneur regiert. Einst war Bangkok ein kleines Fischerdorf am östlichen Ufer des Chao Phraya, aus dem sich ein bedeutsamer Handelshafen entwickelte. Dabei liegt der Ursprung in der Kleinstadt Thonburi, westlich des Flusses. Nach dem Krieg im Jahre 1767 wurde die ehemalige Hauptstadt des Königsreichs Ayutthaya komplett zerstört und General

Taksin vertrieb die Burmesen, wurde zum König ernannt und verlagerte seinen Regierungssitz 1772 nach Thonburi. Zehn Jahre später, 1782, verlegte General Chakri, welcher als nachfolgender König Rama I. den Thron bestieg, seinen Regierungssitz in das Gebiet Rattanakosin.

Der Anlass für eine weitere Verlegung der Hauptstadt bestand darin, dass es seit der Mongolenzeit üblich war, eine Hauptstadt, welche durch eine Schande befleckt war, zu verlagern. Bang Kok war ein kleines Dorf in diesem Gebiet, in denen viele Chinesen lebten. Diese wurden nach Übernahme des Gebiets ausgesiedelt. Viele von Ihnen leben heute noch im benachbarten Chinatown. Als Vorbild, um eine Hauptstadt aufzubauen, diente die frühere Residenzstadt. Im Zentrum von Rattanakosin befanden sich der Königspalast und der königliche Tempel Wat Phra Kaeo mit dem Smaragdbuddha, welcher bis heute in seiner Architektur unversehrt ist und besichtigt werden kann.

Durch den Kanal Khlong Lot bildete sich mit der Zeit Rattanakosin zu einer kleinen künstlichen Insel heraus, welche durch eine Stadtmauer umgeben war. Auf den um- und anliegenden Kanälen spielte sich hauptsächlich der Verkehr ab. Dabei wurden neue Handelsmissionen gegründet, bei denen die portugiesischen, französischen und dänischen Kompanien großes Interesse an der Hauptstadt zeigten.

Die Ware wurde dabei nicht nur über die Kanäle transportiert, sie wurde auch auf dem Wasser verkauft, wodurch die schwimmenden Märkte entstanden. Bangkok wurde daher auch „das Venedig des Ostens" genannt. Im 19. Jahrhundert jedoch benötigte man zusätzlich Transportwege auf dem Festland, da das Wachstum der Stadt sehr rasant voranschritt. Man schüttete Kanäle zu, um neue Wege zu errichten. 1863 wurde die erste gepflasterte Straße fertiggestellt, welche auch die „Neue Straße" oder „Straße zur Vergrößerung der Hauptstadt" genannt wurde. In den darauffolgenden Jahren wurden Eisenbahn- und Straßenbahnlinien errichtet, um sich mit dem Norden des Landes zu verbinden, einerseits um den Handel weiter auszubauen, andererseits auch, um die Hauptstadt zu erweitern.

Händler und Reisende verwendeten den heutigen Namen Bangkok, woraus die internationale Bezeichnung entstand. Bei den thailändischen Einwohnern ist jedoch der Kurzname Krung Thep geläufig und weit verbreitet. Der traditionelle, ausführliche Name besteht transkribiert aus 169 Zeichen und ist somit der längste Name weltweit und daher ungebräuchlich:

„Krung Thep Mahanakhon Amon Rattanakosin Mahinthara Ayuthaya Mahadilok Phop Noppharat Ratchatani Burirom Udomratchaniwet Mahasathan Amon Piman Awatan Sathit Sakkathattiys Witsanukam Prasit"

Übersetzt heißt es:

"Stadt der Engel, große Stadt, Residenz des heiligen Juwels Indiras, uneinnehmbare Stadt Gottes, große Hauptstadt der Welt, geschmückt mit neun wertvollen Edelsteinen, reich an gewaltigen königlichen Palästen, die dem himmlischen Heim des wiedergeborenen Gottes gleichen, Stadt, die von Indra geschenkt und von Vishnukarm gebaut wurde".

DIE ENTWICKLUNG ZUR WELTMETROPOLE

Bangkok hat sich aufgrund seiner rasanten Weiterentwicklung in eine sehr ansehnliche Stadt entwickelt, welche wirtschaftlich, politisch und kulturell sehr hoch angesehen ist. Dieser Erfolg ist gekrönt durch die Erbauung der 234 Meter langen Phra-Phutthayotfa-Brücke im Jahre 1932, welche die Bezirke Phra Nakhon und Thonburi verbindet. Die im Süden lebende Bevölkerung hatte nun Anschluss gefunden und Bangkok breitete sich nach Osten, Norden und Süden stark aus. Die Infrastruktur wurde stets ausgebaut, indem man weitere Kanäle zuschüttete und neue Straßen in alle Himmelsrichtungen errichtete, um die Handelswege zu erhalten und zu erweitern. Die Hauptstadt erlangte somit einen riesen Wachstumsschub.

Ab 1960 gab es eine zunehmende Nachfrage nach Wohnungen, da Landflüchtlinge die Stadt besetzten und immer mehr Menschen zuzogen. Für Menschen mit wenig Verdienst wurden Baracken am Stadtrand errichtet, welche teilweise auf Stelzen im Wasser stehen. Die Einwohnerzahl ist rasch gestiegen. Wir sprechen im Jahr 1960 noch von

2.136.435 Einwohnern, 2010 waren es bereits 8.249.170 Einwohner.

Bangkok erstreckt sich heute mit einer Fläche von 1.565,2 km² über 50 Bezirke, welche eine Einwohnerdichte von 5.270,3 Einwohner/km² aufweisen. Ein Zentrum gibt es in Bangkok nicht, dafür viele verschiedene Geschäfts- und Residenzsviertel, welche über Hotels, Restaurants, Geschäfte und Banken verfügen.

Praktische Informationen

WÄHRUNG

Die thailändische Währung ist der Baht. Umgerechnet entspricht ein Euro dabei momentan circa 33,72 Baht; ein thailändischer Baht entspricht circa 0,029 Euro. Ein Baht wird unterteilt in 100 Satangs (auch Stang). Folgende Münzen sind momentan im Umlauf: B 10, B 5, B 2, B 1. Außerdem gibt es S 25 und S 50, welche jedoch nur noch in Supermärkten verwendet werden. Die Rückseiten der Münzen zeigen verschiedene Tempel in Thailand. Auf den Banknoten hingegen sind diverse bedeutsame Könige Thailands gedruckt. Momentan sind die Banknoten B 1000, B 500 B 100, B 50 und B 20 in Verwendung. Banken sind in Thailand immer von 09:00 Uhr bis 15:00 Uhr geöffnet, Wechselstuben sind von 15:00 Uhr bis teilweise Mitternachts geöffnet. Mit einer EC-Karte, welche das Maestro Symbol besitzt, können Sie so gut wie in jeder Bank Geld abheben. Sie müssen jedoch damit rechnen, dass eine Gebühr erhoben wird, welche unterschiedlich hoch ausfallen kann. Empfehlenswert ist es daher, dass Sie einen Geldbetrag vor Antritt der Reise in einer Bankfiliale wechseln lassen. Dabei wird meist keine Gebühr fällig. Sie müssen jedoch damit rechnen, dass der Geldwechsel bis zu 14 Tage dauern kann. Als Tipp: Für eine 10-tägige Reise würde ein Taschengeld von 300 Euro gewechselt reichen. Es entspricht circa B 10.130 und würde Ihnen für Essen, Fahrgeld, Sehenswürdigkeiten und sonstige Aktivitäten genügen.

ZEIT

Bei Ihrer Reise ist zu beachten, dass eine Zeitverschiebung von fünf Stunden im Sommer und sechs Stunden im Winter vorliegt. Ihnen geht bei der Hinreise somit ein Teil des Tages verloren, welchen Sie auf der Rückreise wiederbekommen. In Bangkok ist momentan das Jahr 2563, da man ab der Wiedergeburt des Buddhas rechnet, welche im Jahre 557 v. Chr. stattfand.

KLIMA

Bangkok liegt in der tropischen Klimazone und erreicht in den wärmsten Monaten, April und Mai, bis zu 37° Celsius. Die Hauptregenzeit, auch Monsunzeit genannt, erstreckt sich von Mai bis Oktober, welche mit einer hohen Luftfeuchtigkeit einhergeht. In dieser Zeit kommt es immer wieder zu Regenschauern, welche sich von wenigen Minuten bis hin zu mehreren Tagen erstrecken können. Es ist daher eher ratsam, Ihren Urlaub von November bis April einzuplanen, um sicherzugehen, größtenteils sonniges Wetter zu haben. Jedoch kann es auch zu Regenschauern außerhalb der Regenzeit kommen – eine Garantie gibt es dafür nie. Passen Sie daher Ihre Kleiderauswahl an die Klimasaison an.

KLEIDUNG

Wie bereits erwähnt muss eine Kleiderauswahl entsprechend der Saison getroffen werden. Da Sie mit drückender Wärme und Hitze rechnen müssen, ist es ratsam, Sommerkleidung zu packen. Jedoch gibt es einige Regeln, die Sie berücksichtigen müssen in Bezug auf Kultur und Religion. In Bangkok wird Wert auf förmliche Garderobe gelegt, das heißt: Achten Sie auf Ihre Kleiderwahl am Strand. Freizügigkeit ist nicht gern gesehen. Kurze Hosen sind sowohl bei Männern als auch bei Frauen in Restaurants und Tempeln untersagt, da die Knie bedeckt sein müssen. Frauen können daher auf lange Röcke zurückgreifen, dünne, luftdurchlässige Stoffhosen tragen oder sie können sich ein langes Tuch um die Hüfte binden, falls Sie nicht auf kurze Hosen verzichten möchten.

Häufig finden Sie vor den Tempeln Warenstände, welche Tücher ausleihen oder Kleidung verkaufen. Ebenso muss darauf geachtet werden, dass die Schultern beim Betreten eines Lokals oder Tempels bedeckt sind. Sie können auch in dieser Situation Ihre Schultern durch ein Tuch bedecken oder ein Kleidungsstück mitführen, welches Sie vor Ort anziehen können. Ratsam ist es außerdem, offene und geschlossene Schuhe mitzuführen.

Einige Tempel dürfen Sie nur mit geschlossenen Schuhen betreten, andere wiederum müssen Sie ohne Schuhe, barfuß, betreten. Sie werden jedoch am Eingang darauf aufmerksam gemacht. Wählen Sie jedoch bestmöglich Schuhe aus, welche Sie schnell an- und ausziehen können, da Sie diesen Vorgang bei mehreren Tempelbesichtigungen mehrfach ausführen müssen. Achten Sie dabei zusätzlich auch noch auf bequemes Schuhwerk. In der Regenzeit empfiehlt es sich, zusätzlich auch wärmere Kleidung einzupacken. Dabei gilt: Lieber zu viel als zu wenig. Besonders zu achten ist auch darauf, eine wasserfeste Tasche oder einen wasserfesten Rucksack bei sich zu führen, um Wertgegenstände wie Telefon, Geldbeutel und Kamera zu schützen. Packen Sie daher eine Regenjacke ein und achten Sie auf wasserfestes Schuhwerk.

APOTHEKEN /GESUNDHEIT /MEDIKAMENTE

Das Mitführen von handelsüblichen Medikamenten dürfte kein Problem darstellen. Es ist sogar ratsam, dass Sie einige Mittel aus der Hausapotheke mitnehmen, zum Beispiel Arzneimittel gegen Übelkeit oder Diarrhoe sowie Kopfschmerzmittel oder Verhütungsmittel. Die Medikamente werden bei der Einreise und Ausreise normalerweise nicht überprüft, das heißt außerdem, dass Sie Medikamente wie Blutverdünner oder Blutdrucksenker bedenkenlos im Koffer mitführen können.

Lassen Sie sich jedoch bei speziellen Medikamenten, wie zum Beispiel Antiepileptikum oder Antidepressivum, von Ihrem Hausarzt eine Niederschrift anfertigen mit den wichtigsten Informationen: Notwendigkeit, Anwendung, Verabreichungsart, Verabreichungsmenge, mitgeführte Bestandsmenge, Wirkung. Lassen Sie die Niederschrift in Englisch, Thailändisch und Deutsch anfertigen. Müssen Sie dennoch eine Apotheke aufsuchen, halten Sie Ausschau nach einer Pharmacy- oder Drugstore-Anzeigetafel. Apotheken haben bis spät abends geöffnet. Die Zeiten sind je nach Geschäft unterschiedlich.

Brauchen Sie ein bestimmtes Medikament, nehmen Sie, wenn vorhanden, eine leere Packung der Medizin zum Vorzeigen mit. Einige Heilmittel haben in Bangkok einen anderen Namen, jedoch denselben Wirkstoff. Fast alle Arzneimittel sind frei verkäuflich, was besagt, dass Sie kein Rezept benötigen. Sollte es dazu kommen, dass Sie einen Arzt aufsuchen müssen, melden Sie sich gegebenenfalls an der Hotelrezeption oder begeben Sie sich direkt ins Krankenhaus.

Wichtig ist, dass Sie Ihre Krankenkarte mitführen. Der gesundheitliche Bereich ist sehr gut aufgestellt und die Ärzte sind sehr gut ausgebildet. Die Kosten einer ärztlichen Behandlung müssen vor Ort gedeckt werden. Lassen Sie sich eine Rechnung ausstellen und reichen Sie diese bei Ihrer Krankenkasse ein, um die erbrachte Summe zurückzuerhalten. Achten Sie jedoch darauf, dass Sie vor Anreise eine Auslandskrankenversicherung abschließen, dies wird den Vorgang der Rückzahlung erleichtern.

FOTOGRAFIEREN / FILMEN

Das Filmen und Fotografieren der Baukunst ist meist gestattet, außer Sie werden durch eine Aushängetafel darum gebeten, dies zu unterlassen. Die Architektur gibt sehr schöne Motive ab, dennoch dürfen Tempel und Statuen auch für ein Foto nicht angefasst oder bestiegen werden. Einheimische und deren Verkaufsstände müssen vor dem Fotografieren um Erlaubnis gefragt werden, was meist kein Problem darstellt.

Verkehr

ANREISE

Die Flugzeit von Deutschland nach Bangkok beträgt circa zehn bis zwölf Stunden, je nachdem, von welchem Ort Sie starten. Sie legen dabei eine Strecke von etwa 9000 Kilometern zurück. Ein Abflug ist von allen großen Flughäfen möglich: Frankfurt, München, Köln-Bonn, Hamburg, Düsseldorf, Hannover, Berlin und Dresden. Zu beachten ist jedoch, dass nicht alle Fluggesellschaften einen Direktflug anbieten. Lufthansa, Eurowings und Thai Airways sind die meistgenutzten Gesellschaften, welche Flüge ohne Zwischenstopp anbieten und einen sehr guten Service gewährleisten. Sehr zu empfehlen ist dabei die Thai Airways. Sie bietet einen angenehmen Komfort inklusive Sitzkissen und einer eingepackten Decke für den Flug. Es gibt innerhalb des Fluges zwei Mahlzeiten inklusive, welche an die Zeit in Bangkok angepasst sind, sowie Getränke, welche ebenfalls im Preis inklusive sind. Die Landung erfolgt am Suvarnabhumi International Airport (BKK) Bangkok.

AUTOVERMIETUNG

In Bangkok sind bis zu neun Millionen Autos zugelassen und es werden täglich mehr. Überlegen Sie sich daher gut, ob Sie sich auf die Straßen wagen wollen. Sie besitzen die Möglichkeit, an allen Hotels und Flughäfen Autos zu mieten, welche in verschiedene Klassifikationen eingeteilt sind, je nach Ausstattung. Nehmen Sie nicht die erstbeste Vermietung, sondern vergleichen Sie die Preise und deren Optionen. Die Autovermietung wird mit Ihnen alle wichtigen Unterlagen durchgehen und den Wagen auf bestehende Schäden begutachten. Fordern Sie die ausgefüllten Unterlagen als Kopie für Ihre Sicherheit ein. Das vermietete Auto ist zu Beginn vollgetankt und Sie erhalten eine Karte mit der

Information, welches Benzin das Auto benötigt. Es muss bei Abgabe wieder mit gefülltem Tank abgegeben werden. Wichtig: In Thailand herrscht Linksverkehr. Dies ist anfänglich sehr ungewohnt und es bedarf ein wenig Übung. Für das Führen eines Fahrzeuges benötigen Sie in Bangkok einen internationalen Führerschein, welchen Sie auf der Führerscheinstelle beantragen müssen und dessen Preis ca. 15 Euro beträgt. Zum Beantragen brauchen Sie ein biometrisches Passbild, einen EU-Führerschein und Ihren Personalausweis. Sollten Sie in Bangkok angehalten werden, zeigen Sie diesen Führerschein vor.

TAXI

Sollten Sie sich selbst nicht trauen, ein Auto zu fahren, so können Sie mit dem Taxi den Ort erkunden. Sie finden Taxis vor jedem Hotel und jedem Flughafen. Wenn ein Taxi frei ist, leuchtet in der Windschutzscheibe auf der Fahrerseite ein rotes Schriftzeichen auf. Sie können es durch ein Handzeichen anhalten. Handeln Sie vor Fahrtbeginn keinen Preis mit dem Fahrer aus und achten Sie darauf, dass der Taxameter vom Fahrer eingestellt wird. Sollte er dies nicht tun, wird er versuchen, Ihnen das Geld aus der Tasche zu ziehen. Steigen Sie umgehend aus. Zum Vergleich: Eine Fahrt vom Hotel (Innenstadt) bis zum Flughafen beträgt circa B 400-B 500. Sie sollten nicht mehr dafür ausgeben. Trinkgeld ist erlaubt, jedoch sollten Sie den Preis nur aufrunden.

TUK TUK

Das Tuk Tuk ist ein Fahrzeug auf drei Rädern, welches durch einen wasserdichten Bezug, als Dach, geschützt ist, dennoch ist es an den Seiten offen. Den Preis für eine Fahrt verhandeln Sie vor dem Einsteigen. Im Vergleich zu Taxis sind die Tuk Tuk sehr preisgünstig. Sie legen oft kurze Strecken zurück und können auch von den eigentlichen Straßen abweichen und enge Gassen passieren, da sie sehr kompakt gebaut sind. Bei längeren Strecken müssen Sie verhandeln. Eine Fahrt in einem Tuk Tuk müssen Sie erlebt haben. Sie dürfen keine Angst zeigen und müssen die Fahrt im Tumult der Stadt genießen. Sollte Ihnen der Fahrer zu schnell fahren, flüstern Sie ihm „cha-cha" ins Ohr. Dies bedeutet „langsam". Diese Fahrzeuge werden bevorzugt für den

Transport von Touristen genutzt. Sie können den Fahrern erklären, welchen Tempel Sie besuchen wollen und er wird Sie zielgerichtet dort hinfahren. Es kann jedoch auch vorkommen, dass der Fahrer Ihnen eine andere Route anbietet und Ihnen Insiderplätze zeigt. Die Einwohner wissen sehr gut, was Touristen gerne sehen möchten, und können Sie auch zu Tempeln fahren, welche nicht im Tourismus ersticken. Meist liegen auch kleine Geschäfte auf dem Weg, welche passiert werden. Beschweren Sie sich darüber nicht beim Fahrer. Es ist eine Strategie, Touristen auch kleine Läden zu zeigen, um eventuell Einnahmen zu machen. Schauen Sie sich die Kaufmöglichkeiten in Ruhe an und wenn Sie sich dagegen entscheiden sollten, etwas zu kaufen, dann wird Ihnen auch niemand böse sein.

SKYTRAIN / U-BAHN

Möchten Sie dem Verkehrsüberfluss entkommen, Zeit sparen und eher ruhiger durch die Stadt reisen? Dann wählen Sie den Skytrain oder die U-Bahn, mit der Sie innerhalb kürzester Zeit durch Bangkok pendeln können. Sie umfasst eine Strecke von 50

Kilometer und 44 Bahnstationen, von denen Sie abfahren können. Über lange Fußgängerbrücken, welche über den chaotischen Straßen von Bangkok entlangführen, gelangen Sie zu den Stationen. Sie müssen damit rechnen, dass auch viele Heimische mit den Verkehrsmitteln reisen, jedoch kommt innerhalb Bangkoks eine Bahn alle zwei Minuten.

Die Reiseinformationen sind meist in thailändisch und englisch verfasst, die Durchsagen erfolgen jedoch in thailändisch. Ein Einzelticket ist am Automaten für B 15-B 45 zu erhalten, welchen Sie in verschiedene Sprachen einstellen können, um Ihnen die Abwicklung zu erleichtern. Beachten Sie jedoch, dass Sie genügend Kleingeld bei sich tragen, da die Automaten keine Scheine annehmen. Mehrfachtickets oder Tagestickets müssen Sie am Schalter holen, für die Sie B 140 bezahlen. Haben Sie Ihre Tickets erhalten, kommen Sie durch eine Sicherheitsschranke, bei der Sie Ihr Ticket einscannen müssen. Ohne Ticket können Sie nicht zur Bahn gelangen. Beim Verlassen der Station müssen Sie abermals Ihr Ticket einscannen. Passen Sie daher gut auf Ihre Tickets auf, besonders auf Mehrfachtickets. Auf den Bahnsteigen ist es wichtig, dass Sie die gelb eingezeichnete Linie nicht übertreten. Polizisten beobachten dies genau und pfeifen Sie zurück, falls Sie sich nicht an die Regeln halten sollten.

FUßVERKEHR

Es ist ratsam, auch Strecken zu Fuß zurückzulegen. Sie werden durch verschiedenste Straßen laufen, welche auf ihre Art und Weise besonders erscheinen. Passen Sie jedoch gut auf sich auf, es ist Multitasking gefragt. Aufgrund der unebenen Straßen und Gehwege ist das Laufen nicht immer einfach. Sie müssen stets den Blick nach unten wenden, da meist die Gehwege einer Baustelle gleichen. Es fehlen Bestandteile des Weges, welche an einer anderen Stelle liegen, und es gibt Löcher von unterschiedlicher Tiefe und verschobene Steine, an denen Sie schnell umknicken können.

Achten Sie sehr darauf, dass Sie Ihr Schuhwerk den Gegebenheiten anpassen. Außerdem müssen Sie als Fußgänger die Straßenschilder beachten. Diese sind in einer Höhe von etwa 1,50 Meter angebracht und man übersieht Sie leicht und kann dagegen laufen. Auch die Straßenregeln für Fußgänger sind irrelevant. Passen Sie auf, wenn Sie an einem Zebra-streifen stehen oder Sie als Fußgänger eine grüne Ampel haben. Dies hat nichts zu sagen und die Auto-fahrer werden nicht beim Überqueren auf Sie Acht geben. Vergewissern Sie sich, dass die Straße frei ist und Sie diese problemlos überqueren können.

Der Genuss von Essen und Trinken

Für jeden Geschmack ist etwas dabei. Thailand bietet eine große Vielfalt an exotischem Essen und Trinken, welches chinesische, japanische, koreanische, malaysische, indische, vietnamesische und indonesische Speisen beinhaltet. Das Grundnahrungsmittel ist Reis, welches in vielen Kombinationen immer etwas Besonderes ist. Die Mahlzeiten werden immer in mundgerechte Portionen angefertigt sowohl im Hotel und in Restaurants als auch bei heimischen Familien, sollten Sie jemals zum Essen eingeladen sein. Daher werden Sie merken, dass Ihnen kein Messer beim Essen am Tisch zur Verfügung steht. Der Löffel liegt dabei rechts und die Gabel links. Stäbchen werden nur für japanische und chinesische Speisen verwendet sowie für Nudelsuppen. Alle Speisen werden beim Essen auf dem Tisch platziert. Eine bestimmte Reihenfolge gibt es dabei nicht. Eine klassische Mahlzeit besteht meist aus einer oder mehreren Suppen, einem Fischgericht, einem Salat und einem Dessert.

GEWÜRZE

Die Beilagen sollen möglichst nicht kombiniert werden, da diese eine Vielfalt von Kräutern und Gewürzen beinhaltet, und jedes Gericht somit für sich selbst schmeckt. Salz wird in der thailändischen Küche zum Würzen nicht verwendet, eben so wenig Pfeffer.

Nam pla
Zum Würzen steht Ihnen beim Essen immer eine bräunlich-klare, intensiv riechende Soße zur Verfügung, welche ´nam pla´ genannt wird. Sie wird aus fermentiertem Fisch hergestellt. Vorher wird sie

meist mit Chili, Essig, Knoblauch und Zitronensaft vermengt und soll zur Geschmacksverstärkung dienen. Anfangs wird Sie Ihnen vielleicht ein wenig außergewöhnlich schmecken, in Kombination mit Reis und Beilage werden Sie sich jedoch schnell daran gewöhnen.

Chili

Es wird in jeder Farbe und Größe verarbeitet und mit der Menge wird nie gespart. Es ist fast unmöglich, ein Restaurant oder eine Speise zu finden, welche kein Chili enthält, jedoch können Sie gerne bei Ihrer Bestellung „mai au pet" sagen. Dies bedeutet ´nicht zu scharf, bitte´. Wenn es jedoch vorkommt, dass das Essen zu scharf ist und Sie ein Brennen im Rachen verspüren, dann nehmen Sie sich einen Löffel Reis und essen Sie diesen. Dies hilft gegen das Brennen schneller als Wasser. Achtung: Passen Sie besonders auf bei dem Vogelaugenchili. Dies sind kleine grüne Chili, welche wirklich Pfeffer im Gepäck haben und welche nichts für schwache Nerven sind.

Zitronengras

In allen Gerichten und Speisen werden Sie Zitronengras finden. Es dient dazu, das Essen zu aromatisieren, da es einen sehr süßlichen Geschmack hat, welcher beim Garen erst kräftig zum Ausdruck kommt. Das Zitronengras an sich isst man jedoch nicht mit, da es sehr hart ist. Sollten Sie es jedoch aus Versehen mitgegessen haben, ist dies nicht weiter schlimm.

Blätter der Kaffirlimone

Das Essen wird durch die Blätter der Kaffirlimone stark aromatisiert, nämlich durch seinen Zitronengeschmack, welcher jedoch auch sehr bitter sein kann. Meist werden die Blätter zerrissen und unter das Essen gegeben. Man kann sie zum besseren Geschmackserlebnis mitessen. Meist kommt es jedoch auch dazu, dass Blätter im Ganzen in den Kochtopf gegeben und vor dem Essen herausgeholt werden, damit sich der Geschmack nur beim Garen entfalten kann. Sie kommt meist bei allen Gerichten zum Einsatz, besonders jedoch bei Curry mit Reis und Salaten.

Thai-Basilikum

Dies wird meist bei Hühnchengerichten verwendet, um dem Fleisch eine gewisse Würze zu geben. Dabei wird auf eine Kombination dreier Basilikumarten zurückgegriffen, welche aus dem Horapa (Anis-Lakritz-Geruch), Maenglak (intensiven Zitronengeruch) und dem Kaprao (Nelken-Piment-Geruch) bestehen. Sie werden vor dem Essen aus dem Topf geholt und nicht mitgegessen.

Thai-Ingwer

Dieses Gewürz ist unverzichtbar in der thailändischen Küche und ist so gut wie in jeder Gewürzpaste zu finden. Geschmacklich ist es nicht vergleichbar mit Ingwer und schmeckt sehr scharf und seifig. Für die Pasten wird der Ingwer passiert und hinzugegeben. Für die Zubereitung von Suppen wird er in kleine Scheiben geschnitten und beim Anbraten kann man Scheiben in das Öl einlegen, damit das Fleisch nicht anbrennt. Außerdem regt Thai-Ingwer die Verdauung an und der Saft der Wurzel und der Zitronensaft sollen bei Magenschmerzen helfen.

Palmzucker

Palmzucker wird, wie der Name schon sagt, aus Palmen gewonnen. Er dient als brauner Zucker zum Süßen von Desserts und Süßspeisen und hinterlässt dabei nur ein zartes, nicht zu intensives Aroma. Er schmeckt sehr speziell, jedoch ist er keineswegs schlecht, was Sie beim Probieren einer Süßspeise sofort schmecken werden.

FRÜCHTE

In Thailand gibt es eine große Auswahl an Früchten und Sie werden im Hotel zum Frühstück bemerken, dass das Obst täglich frisch ist und sehr saftig schmeckt. Sehr oft werden in Bangkok Ananas, Melone, Kiwi und Mango angeboten. Ebenso gibt es vermehrt Papaya und Kokosnuss sowie Drachenfrucht. Diese Obstsorten erhalten Sie in allen Läden der Stadt, aber auch an kleinen Straßenständen außerhalb der Stadt. Testen Sie auch die exotischen Früchte, welche Sie nur in Thailand zu kaufen bekommen.

Durian

Durian, auch „König der Früchte" oder „Stinkfrucht" genannt, ist eine vergötterte Frucht in Thailand, welche aus diesem Raum nicht mehr wegzudenken ist. Sie ist das größte und teuerste Exemplar, was man in Thailand finden kann. Sie hat jedoch im geöffneten und reifen Zustand einen sehr starken, intensiven Geruch, weshalb Sie in den meisten Hotels, in Verkehrsmitteln und sogar am Flughafen verboten ist. Am Flughafen in Bangkok werden Sie durch Schilder darauf hingewiesen, keine dieser Früchte mit in den Wartebereich zu nehmen oder im Gepäck bei sich zu führen. Es ist eine Empfehlung, diese Frucht zu kosten. Sie ist sehr cremig und weich und schmeckt für jeden Menschen ein wenig anders, so dass eine genaue Beschreibung des Geschmackes nicht zu treffen ist.

Jackfrucht

Diese Frucht ist ebenso ein exotisches Exemplar, welches keine genaue Beschreibung des Geschmackes erhält. Es ist eine sehr süßliche Frucht, mit einem Hauch von Vanille. Sie besitzt im reifen Zustand ebenso einen sehr intensiven Eigengeruch, jedoch ist dieser angenehmer und eher fruchtig. Die Frucht zeichnet sich dadurch aus, dass sie an sich schon eine große Form hat und wenn man sie aufbricht, enthält sie viele kleine, gelbe Früchte, welche ebenfalls nochmals mit einer Schale überzogen sind und welche man mitessen kann. Die Menschen in Bangkok kochen diese Schale meist ein und sie schmeckt danach sehr nussig, wie eine Walnuss.

Mangosteen

Sie ist die „Königin der Früchte" und zeichnet sich durch ihr besonderes Aussehen aus. Sie besitzt eine lederartige Schale, welche einen glänzenden Schimmer besitzen muss, damit man weiß, dass man eine reife Frucht erwischt hat. Die Schale muss von der Frucht selbst entfernt werden, jedoch **Vorsicht** beim Entfernen! Die Schale könnte dunkle Flecken hinterlassen, welche sehr schlecht zu entfernen sind! Die Frucht an sich hat eher eine weißliche Farbe und schmeckt sehr säuerlich bitter.

Salakfrucht

Diese Fruchtsorte hat eine schuppenähnliche Schale, wie die Haut einer Schlange. Sie ist hart und muss vor dem Essen entfernt werden. Das Fruchtfleisch ist hart und schmeckt eher süßlich-säuerlich, je nach

Reife der Frucht. Sie dient als natürliches Heilmittel bei Durchfall, führt jedoch bei einem gesunden Zustand nicht zu Verstopfung.

Rambutan

Diese Sorte ist durch ihre „rot-grünen Haare" ein richtiger Hingucker und wird in Thailand sehr gerne gegessen. Die Schale muss entfernt werden und die Frucht an sich enthält eiförmiges Fruchtfleisch, welches einen Kern im Inneren enthält. Sie ist eine der gesündesten Sorten überhaupt, da sie einen Großteil der täglichen Menge an Kalzium, Magnesium und Eisen abdeckt.

Sollten Sie die Möglichkeit bekommen, eine dieser Früchte testen zu können, so greifen Sie zu und lassen Sie sich von den exotischen Geschmacksrichtungen leiten. Und denken Sie daran: So schnell werden Sie vermutlich nicht wieder an eine dieser Früchte kommen, also Augen zu und durch!

RESTAURANTS / BARS

In Bangkok können Sie bis zu 400 Restaurants und Bars besuchen, welche Ihnen ein Geschmackserlebnis auf hohem Niveau bieten werden. Dieser Reiseführer wird Ihnen einen kleinen Einblick geben, welche Restaurants und Bars sehr empfehlenswert sind und wo Sie einen Abend am besten ausklingen lassen oder nach einem langen Fußmarsch eine Pause einlegen können. Dabei werden Locations für vegetarische, deutsche sowie traditionelle Speisen nahegelegt und elegante und gemütliche Plätze mit einer atemberaubenden Aussicht vorgestellt. **Ein kleiner Trinkgeldtipp am Rande**: B 10-B 20 reichen vollkommen aus – B 40 sind für einen Besuch sehr viel und das Essen sowie die Location muss dafür einen sehr gehobenen Standard haben.

The Mint World Tapas Bar

Diese Location liegt zwar direkt an der Hauptstraße, jedoch schirmt sie die Geräuschkulisse sehr gut ab und man kann sich entspannt zurücklehnen und das Essen genießen. Der Einrichtungsstil besitzt einen gewissen Charme, ist rollstuhlgerecht und wird hervorragend von Lichtelementen ausgeleuchtet. Sie können thailändische traditionelle Speisen bestellen, jedoch auch vegetarische Gerichte. Ebenso stehen große und kleine Portionen zur Verfügung. Das Preis-Leistungs-Verhältnis ist sehr gut und das Essen sehr empfehlenswert. Die Happy Hour findet von 17:00 bis 20:00 statt.

Adresse: 222 Silom Rd / Tel.: 02-627-2222

Havanna Social

Ein unscheinbarer Ort, der sich durch ein Passwort und über eine Geheimtür für Sie öffnet? Diese Bar ist ein **Insidertipp** und sollte in Bangkok unbedingt besucht werden. Es hat einen sehr kubanischen Charakter und bietet kubanische sowie traditionelle Cocktails an. Der Zugang zum Lokal ist ein wenig geheimnisvoll und spektakulär. In einer Seitengasse der Sukhumvit Soi 11 werden Sie eine Telefonzelle sehen, welche einen Schriftzug einer kubanischen Biermarke trägt. Davor werden Sie einen Straßenstand vorfinden, mit Cubanos und Empanadas (kubanische Spezialität – gefüllte Teigtaschen). Gehen Sie nun in die Telefonzelle und rufen Sie die Nummer an der Wand an. Sie erhalten über dieses Telefonat einen vierstelligen Code, welcher Ihnen den Zutritt zur Bar verschafft. Die Einrichtung ist sehr rustikal, dennoch mit sehr viel Liebe zum Detail hergerichtet. Die Getränke schmecken ausgezeichnet, man kann Zigarren rauchen und mit ein bisschen Glück können Sie zur richtigen Zeit, meist Freitag-/Samstagabend, den Klängen einer Latinoband lauschen.

Adresse: 28 Sukhumvit Soi 11

Cabbages and Condoms

Ein Restaurant so außergewöhnlich wie kein anderes. Dieses Speiselokal bietet Ihnen asiatische und thailändische Speisen an sowie vegane, vegetarische und glutenfreie Gerichte. Sie können Sitzplätze im freien oder mit Überdachung wählen und die Bäume sind mit Lichterketten umrankt, damit eine besondere Atmosphäre entsteht. Bei genauerem Hinschauen werden Sie jedoch merken, dass die Dekorationen inklusive Laternen aus Kondomen bestehen. Das Lokal möchte mit diesem Hingucker auf AIDS aufmerksam machen und Sie bekommen bei jeder Rechnung ein Kondom geschenkt. Das Preis-Leistungs-Verhältnis ist sehr gut und es zählt zu den günstigeren Varianten zum Essen gehen. Es ist jedoch ratsam, einen Tisch vorher zu reservieren, da dies ein gut besuchtes Lokal ist. Die Kellner sind stets freundlich und hilfsbereit.

Adresse: 10 Sokhumvit Soi12 / Klongtoey
Tel.: +66 2 229 4610

Bei Otto

Wer etwas Heimweh bekommt oder sich nicht mit dem Thailändischen anfreunden kann, hat die Möglichkeit, „Bei Otto" zu essen. Dieses Restaurant bietet deutsche sowie mitteleuropäische und europäische Speisen an. Die Location ist ein kleines Bauernhaus, welches einer Scheune ähnelt und durch einen grünbeleuchteten Schriftzug „Schwarzwaldstube" werden Sie darauf aufmerksam gemacht. Sie haben Gelegenheit, draußen zu sitzen, und durch Bierbänke und Lichterketten fühlt es sich ein wenig nach Heimat an. Drinnen ist alles sehr bayrisch-deutsch eingerichtet. Sie werden dennoch feststellen, dass sich mehr Einheimische in diesem Lokal aufhalten als Deutsche beziehungsweise Europäer.

Das Preis-Leistungs-Verhältnis ist sehr gut und man bekommt für kleines Geld eine sehr deftige, große Portion von einer trachtentragenden thailändischen Kellnerin. Ebenso werden Sie auch vegetarische Gerichte vorfinden und der kleine Hunger für Kinder kann ebenso gestillt werden.

Adresse: 1 Sokhumvit Soi 20, Sokhumvit Rd.
Tel.: +66 2 262 0892

The Roof@38th Bar
Ein Ausblick, der verzaubert. Im Mode Sathorn Hotel erleben Sie in der 38. Etage einen unvergesslichen Augenblick mit Ausblick auf den Chao Phaya. Diese Bar bietet Ihnen einen hohen Standard an alkoholischen Getränken, Grillspezialitäten und ein angemessenes Ambiente. Bevor man diese Bar besuchen will, ist es ratsam, einen Tisch zu reservieren. Das Lokal ist meist gut besucht, jedoch nicht überfüllt. Die Getränkekarte ist vielfältig. Die Preise sind angemessen, jedoch teurer als in einer normalen Bar oder einem normalen Lokal. Man bezahlt sozusagen für den Ausblick und das Ambiente. Die Sitzmöglichkeiten befinden sich im Freien und es gibt gut gepolsterte Stühle und Sofas, welche am Abend sehr schön durch Leuchten und Lichterketten ausgeleuchtet werden.

Adresse: 144 North Sathorn Road

Tel.: +66 2 623 4555

Vertigo Grill and Moon Bar

Hoch hinaus und Bangkok aus dem 61. Stockwerk erleben. Diese Roof-top-Bar ist ebenso ein Highlight aufgrund ihrer perfekten Aussicht, jedoch müssen Sie hier auch wieder etwas tiefer in die Tasche greifen. Ein Cocktail kostet umgerechnet 15 Euro, jedoch bietet diese Bar einen unvergesslichen Ausblick, einen ausgezeichneten Service und eine umfassende Küche, von europäischen Gerichten bis hin zu vegetarischen, veganen und glutenfreien Speisen. Sie können einzelne Gerichte bestellen oder ein mehrgängiges Dinner serviert bekommen. Aber auch hier wäre es ratsam, aufgrund der vielzähligen Besucher einen Tisch im Voraus zu reservieren. Wichtig ist außerdem, dass ein entsprechender Dresscode eingehalten werden muss. Die Frauen sollten ein langes Kleid tragen, welches über die Knie reicht, und Männer sollten auf lange Hose und geschlossene Schuhe achten. Freitag- und Samstagabend werden Sie durch eine Liveband unterhalten, welche eine Vielfalt an Musikrichtungen mitbringt.

Adresse: 21/100 South Sathon Road Sathon / Banyan Tree Bangkok / Tel.: +66 2 679 1200

Khao Neow Dam Sangkaya
Preiswert und lecker - thailändische Spezialitäten für einen kleinen Preis! Für umgerechnet 30 Cent erhalten Sie an der Straßenecke des Morgenmarktes eine leckere Portion klebrigen schwarzen Reis, kombiniert mit einer leckeren Creme. Dieses wird auf einem Bananenblatt serviert und als Topping mit einer Kugel Eiscreme versehen. Auf Wunsch wird das Ganze mit Kokosnusscreme bedeckt. Es sieht nicht nur lecker aus, sondern schmeckt einfach unglaublich. Jedoch erhalten Sie dieses leckere Frühstück nur zwischen 6:00 und 08:00 morgens. Also früh in den Tag starten und belohnt werden.

Adresse: Silom Soi20

Daniel Thaiger Burgers
Den mit Abstand besten Burger der Stadt finden Sie bei Daniel Thaiger. Die Burger sind superlecker und preiswert – sie kosten umgerechnet nur 3 Euro. Die Brötchen sind immer frisch ausgebacken und das Fleisch ist sehr saftig und lecker. Das Beste dazu ist

noch, dass es einen mobilen Service gibt, bei dem Burger vor Ort in einem kleinen Bus gebraten und auf der Straße verkauft werden. Sollten Sie so einen Bus sehen, dann versuchen Sie sich an einem leckeren Burger mit Beilagen, denn man kann aufgrund der hohen Nachfrage des belebten Viertels nicht garantieren, dass Sie einen Platz im Lokal bekommen. Eine Platzreservierung ist leider nicht möglich, dennoch ist der Laden von Dienstag bis Sonntag zwischen 16 und 21 Uhr geöffnet.

Adresse: Sukhumvit Soi30/1

TIPP: Schauen Sie bei der Website „eatigo" vorbei. Dort erhalten Sie für ganz Bangkok Coupons für Restaurants und Bars mit Rabatten von bis zu 50%. Vorbeischauen und sparen.

Hotels

Es ist immer ratsam, dass Sie Ihr Hotel über das Reisebüro buchen. Sie erhalten dadurch meist günstigere Rabatte, Sie müssen sich nicht auf die Suche vor Ort begeben und Sie sind somit entspannter. Ebenso ist es durch das Reisebüro kommunikativ einfacher, eine Buchung durchzuführen, und Sie müssen sich keine Gedanken darüber machen, wie Sie vom Flughafen zum Hotel kommen werden. Sollten Sie jedoch den Wunsch verspüren, sich selbst vor Ort auf die Reise zu machen oder online ein geeignetes Hotel zu buchen, dann haben Sie hier eine kleine Auswahl, die Ihnen vielleicht die

Suche erleichtert.

ÜBERNACHTUNGSMÖGLICHKEITEN FÜR KLEINES GELD

Klassique Sukhumvit (3 Sterne)
Recht zentral und nicht weit entfernt von Sehenswürdigkeiten und Tempeln finden Sie das Klassique Sukhumvit, welches mit Liebe zum Detail gestaltet ist. Es erstrahlt in vielen verschieden Farben und hat sehr außergewöhnliche Elemente verbaut. Die Zimmer sind sehr gut ausgestattet und besitzen neben einer Klimaanlage auch einen eigenen Kühlschrank, einen Safe und einen Flachbildfernseher. Im Hotel sind nur Nichtraucherzimmer eingerichtet. Die Unterkunft bietet nicht nur Singlereisenden und Paaren eine Schlafmöglichkeit, sondern auch Familien, für die eine kostenlose Kinderbetreuung zur Verfügung steht. Außerdem erhalten Sie im Hotel einen kostlosen WLAN-Zugang und kostenlose Parkplätze. Dieses Hotel legt außerdem viel Wert auf Sauberkeit und das Preis-Leistungs-Verhältnis ist großartig. Für eine Nacht bezahlen Sie circa B 580, was etwa 20 Euro entspricht. Leider ist es nicht möglich, im Hotel zu frühstücken, jedoch befinden sich einige

Restaurants in der Nähe, welche Sie in fünf Minuten zu Fuß erreichen.

Sprachen: Englisch, Filipino, Hindi, Thailändisch
Adresse: 1933 Sukhumvit Road, Phra Khanong, Bangkok / Tel.: +66 2 332 7144
E-Mail: klassique@ksc.th.com

Paragon Inn (3 ½ Sterne)
Dies ist eine Unterkunft in einer ruhigen Gegend, jedoch nur 4 km vom Internationalen Flughafen entfernt. Sie werden bei Ihrer Ankunft von Palmen, Pools und stilvoll eingerichteten Zimmern empfangen. Pflanzen, Bambus und Holz stehen hier im Vordergrund und geben der Unterkunft eine entspannte und angenehme Atmosphäre. Die Sauberkeit ist sehr lobenswert und das Personal sehr freundlich und hilfsbereit. In der Ausstattung der Zimmer finden Sie unter anderem einen eigenen Kühlschrank sowie einen Flachbildfernseher. Alle Räume sind klimatisiert und Sie haben Zutritt zur hauseigenen Bar und zur Lounge. Kostenlose Parkplätze stehen auch hier zur Verfügung, ebenso kostenloses WLAN. Alle Zimmer sind als Nichtraucherzimmer eingerichtet und Familien sind herzlich willkommen. Eine barrierefreie

Einrichtung ermöglicht Rollstuhlfahrern einen angenehmen Aufenthalt und Zugang zu allen Räumlichkeiten. Eine Übernachtung kostet umgerechnet 33 Euro.

Sprachen: Englisch, Thailändisch
Adresse: 222 Moo 15 Soi Lat Krabang 22, Bangkok
Tel.: +66 2 346 4224

Holiday Inn Bangkok Silom (4 Sterne)

Ein weiteres empfehlenswertes Hotel ist das Holiday Inn. Es liegt recht zentral und viele Sehenswürdigkeiten und Geschäfte sind zu Fuß erreichbar. Diese Unterkunft bietet einen hohen Standard und verfügt über einen goldenen Eingangsbereich mit goldverzierten Fahrstühlen und einem großen Speisesaal, in dem alle Mahlzeiten eingenommen werden können und wo eine große Vielfalt an Gerichten zur Verfügung steht. Die Zimmer sind gut ausgestattet und verfügen über einen Kühlschrank und eine Minibar, einen Flachbildfernseher und eine fabelhafte Aussicht auf den Pool und das Mahanakhon. Dieses Hotel verfügt über Raucher- und Nichtraucherzimmer und Familien sind herzlich willkommen. Kostenlose Parkplätze stehen Ihnen zur Verfügung und auch das

Mitbringen von Haustieren ist erlaubt. Unterhalb des Hotels befindet sich ein kleiner Laden, in dem Sie für einen Abendsnack alles finden. Sollten Sie dort nicht das Passende finden, können Sie einfach über die Straße in das nächste kleine Geschäft gehen. Eine Übernachtung ist im Vergleich zu den anderen Hotels etwas teurer, jedoch ist auch der Service und das Ambiente sein Geld wert. Für eine Nacht in diesem Hotel zahlen Sie etwa 100 Euro und schlafen in einem Hotel der Mittelklasse.

Sprachen: Englisch, Thailändisch, Hindi, Chinesisch, Italienisch, Japanisch, Französisch
Adresse: 981 Si Lom, Khwaeng Silom, Khet Bang Rak, Bangkok
Tel.: + 66 2 207 4300

LUXUSHÄUSER

Banyan Tree Bangkok (5 Sterne)

Das Banyan Tree lässt keine Wünsche offen. Wenn Sie auf der Suche nach einer luxuriösen Unterkunft sind, sind Sie hier genau richtig. Eine Suite mit zwei Duschen und einem Whirlpool sowie der Schnitt einer Maisonette-Wohnung, welche durch eine

Wendeltreppe nach oben ins Schlafgemach führt, erwarten Sie hier. Es klingt wie im Märchen. Ihnen wird ein hoher Standard an Service und Ausstattung geboten. Ihnen stehen Dampfbäder, Fitnessräume, sowie Spa und Massageräume zur Verfügung, ebenso eine Wechselstube mit Geldautomat und vieles mehr. Die Zimmer sind in der VIP-Ausstattung schallisoliert und mit Blick auf die Stadt. Sie können Raucherzimmer sowie Nichtraucherzimmer buchen. Die nächsten Sehenswürdigkeiten befinden sich zwei Kilometer zu Fuß vom Hotel entfernt. Kinder haben einen kostenlosen Aufenthalt und Babysitter stehen zur Verfügung. Sie erhalten auf Wunsch ein ausgewogenes Frühstücksbuffet und können sich aus einer großen Auswahl von Gerichten ein Menü für das Dinner zusammenstellen lassen. Für eine Nacht zahlen Sie zwischen 200 und 350 Euro.

Sprachen: Englisch Chinesisch, Thailändisch, Japanisch, Koreanisch

Adresse: 21/100 South Sathon Road, Thai Wah Tower II, Bangkok

Tel.: +66 2 679 1200

Shangri-La Hotel, Bangkok (5 Sterne)

Von außen erscheint dieses Hotel, als wäre es eine riesige Mauer. Wenn man jedoch ins Innere blickt, lässt die Architektur keine Wünsche offen. Der Eingangsbereich ist verziert mit Monumenten, welche sich an den erbauten Säulen entlanghangeln. Große Pflanzen werden zur Dekoration genutzt und schaffen somit eine angenehme Atmosphäre. Das Hotel liegt genau am Fluss, sodass Sie einen umwerfenden Blick aus jedem Stock des Hauses haben. Es beinhaltet zwei eigene Restaurants sowie zwei Swimmingpools im Außenbereich. Ihnen stehen außerdem Fitnessräume, Spa und Tischtennisplätze zur Verfügung, ebenso ein tägliches Abendprogramm und Kinderbetreuung. Die Zimmer sind in einem rustikalen asiatischen Stil eingerichtet und mit Licht durchflutet. Das Buchen von Raucher- und Nichtraucherzimmern sowie von Suiten ist möglich. Das Essen ist sehr exklusiv und bietet eine große Auswahl an Speisen und Getränken an. Außer Haus finden Sie in naher Umgebung verschiedene Restaurants, Geschäfte und Bars, welche zu Fuß in drei Minuten zu erreichen sind. Die Buchung eines Zimmers für eine Nacht beträgt preislich 170 bis 250 Euro.

Sprachen: Englisch, Thailändisch
Adresse: 89 Soi Wat Suan Plu, Bangrak, Bangkok
Tel.: +66 2 236 7777

Tower Club at Lebua (5 Sterne)
Diese Unterkunft ist aufgrund der außergewöhnlichen Architektur nicht nur bei Nacht, sondern auch bei Tag ein richtiger Hingucker. Sie erleben in unmittelbarer Nähe zu verschiedenen Tempeln und Bars einen entspannten Urlaub mit Ausblick auf die Stadt und auf umliegende Attraktionen. Ebenso werden Sie bei einem Abendprogramm unterhalten und ein exklusiver Tanzclub bietet Ihnen die Möglichkeit, bis in die Morgenröte zu feiern. Eine Kinderbetreuung und ein Kinderprogramm stehen ebenso zur Verfügung. Fitnessräume, Spa und Dampfbäder können besucht werden und der Ausblick vom Pool aus ist grandios. Ein Kinderschwimmbecken ist vorhanden und Familienzimmer können gebucht werden, genau wie Raucher- und Nichtraucherzimmer. Die Zimmer sind in hoher Qualität ausgestattet und verfügen über eine Kochnische mit Minibar und Mikrowelle, über einen eigenen Balkon mit Sitzgelegenheiten und über ein separates Wohnzimmer. Preislich liegt das Hotel pro Nacht bei 170 bis 250 Euro.

Sprachen: Deutsch, Englisch, Französisch, Spanisch, Chinesisch, Filipino, Hindi, Japanisch, Koreanisch, Thailändisch

Adresse: Silom Road 1055 Bangrak, Bangkok

Tel.: +66 2 624 9999

Natürlich gibt es noch viele weitere Unterkünfte, jedoch stehen diese genannten Ihnen als Anreiz zur Verfügung. Sie müssen für Ihren Urlaub und mit Ihrem Preisbudget das Richtige für sich finden. Die Hauptsache ist, Sie fühlen sich wohl.

Sehenswürdigkeiten

In Bangkok stehen Ihnen eine Vielzahl an Sehenswürdigkeiten zur Verfügung, wobei die Architektur allein schon ein Grund dafür ist, eine Sightseeingtour zu machen. Neben vielen bemerkenswerten Tempeln stehen auch Hochhäuser und Parks für eine Besichtigung zur Verfügung. Auch die verschiedenen Märkte oder Stadtteile haben einen gewissen Charme, den man sich nicht entgehen lassen sollte. Versuchen Sie, so viel wie möglich mitzunehmen und anzusehen. Eine Kopie von diesen Bauwerken können Sie immer wieder sehen, jedoch machen die Originale einen sprachlos.

MAHA NAKHON

Das höchste Gebäude Bangkoks mit einer Höhe von 313 Meter und 77 Etagen, welches im Jahr 2016 zur Eröffnung freigegeben wurde, ist das Maha Nakhon. Seine Architektur ist faszinierend und es wirkt, als würde es sich spiralförmig nach oben ziehen. Aufgrund der Terrassen und Aussichtsplattformen scheint es, als wäre es verpixelt oder einige Bauteile würden fehlen. Das macht es so sonderbar und einzigartig. Das Maha Nakhon zeichnet sich außerdem durch die faszinierende Dachterrasse aus, welche Sie in dem schnellsten Aufzug Thailands in 50 Sekunden erreichen.

Durch das Flachdach ist es möglich, in der 360°-Sicht über Bangkok zu schauen, in einer Höhe von 314 Metern. Die Sprache wird es Ihnen sicherlich aber erst so richtig auf dem Glasdach verschlagen. Sie können sich auf eine Glasplatte stellen, durch die Sie auf die Stadt unter Ihnen schauen. Machen Sie ein unvergessliches Foto und lassen Sie das Adrenalin durch Ihren Körper schießen. Außerdem bietet das Maha Nakhon Übernachtungsmöglichkeiten, wobei die Zimmer Ihnen ebenso einen tollen Ausblick liefern und Sie auch entspannt bei einer Runde Billard, im eigenen Kinoraum oder im Außenpool hoch über den Dächern den Urlaub genießen können. Sollten Sie jedoch nur den Wunsch haben, sich die Skyline anzusehen, so können Sie Tickets in der Lobby oder online erwerben. Das Befahren der Dachterrasse ist mit dem Rollstuhl möglich, da das Gebäude barriere-frei entwickelt wurde. Planen Sie einen Besuch und lassen Sie sich verzaubern. Ihnen stehen täglich von 10:00 bis 24:00 die Türen offen.

Adresse: 114 Narathiwas Road Silom, Bangrak

Tel.: +66 2 677 8721 (09:00 – 18:00 erreichbar)

E-Mail: contact.kpmn@kingpower.com

WAT ARUN

Vollständiger Name: Wat Arun Ratchawararam Ratchaworamaha.

Dieser königliche Tempel wird auch der Tempel der Morgenröte genannt und liegt direkt am westlichen Ufer des Flusses Chao Phraya. Es ist einer der faszi-nierendsten Tempel der Stadt und besonders beim Sonnenuntergang von der gegenüberliegenden Seite wundervoll anzusehen. Der Name Arun stammt aus der indischen Mythologie und ist von dem Namen

Aruna (Gott der Morgenröte) abgeleitet. Der Mittelpunkt des Tempels wird Phra Prang genannt und soll den Weltenberg Meru symbolisieren, welcher sich aus den Weltmeeren erhebt und auf dessen Spitze der Donnerkeil des Hindu-Gottes Indra aufgesetzt ist. Der Tempel stammt noch aus der Zeit des siamesischen Königreiches und wurde damals Wat Makok genannt (Oliventempel).

Die Außenwände sind verziert mit unzähligen chinesischen Porzellanscherben und Muscheln sowie mit bunten Blumenmosaiken. Entlang des Tempels führen über vier Ebenen steile Treppen hinauf, welche auf jeder Ebene miteinander verbunden sind, um einen Rundumblick des Tempels zu erlangen. Jede Ebene ist anders bildlich dargestellt und beinhaltet Figuren der Mythologie sowie mystische Figuren.

Der Phra Prang hat einen eigenen Eingang, jedoch sind auf dem Gelände des Wat Makok noch andere Gebäude zu besichtigen, welche frei zugänglich sind. Zum Beispiel können Sie die Ordinationshalle der Mönche erblicken, das bedeutendste Heiligtum der Tempelanlage, auch Ubosot genannt. Diese ist leicht zu erkennen an den riesigen Figuren im

Eingangsbereich. Es ist ein weißes Gebäude mit einem grün-orangenen Dach, welches von weißen Säulen getragen wird. Die Wände im Inneren sind bemalt mit Geschichten und Szenen aus dem Leben des Buddhas und der goldene Haupt-Buddha befindet sich in sitzender Haltung auf einem Sockel, in dem sich die Asche von König Rama II befindet. Ebenso können Sie auf der Tempelanlage den Wihan begutachten, welcher den Versammlungsraum der Mönche darstellte und im Inneren mit farbigen Kacheln versehen ist. Zwischen Wihan und Ubosot steht der Mondop, welcher nur von außen besichtigt werden kann, da in ihm ein Fußabdruck von Buddha verehrt wird. Im Innenhof befinden sich unzählige Steinskulpturen und Bronze-Elefanten, welche das Gelände sehr ansehnlich machen. Die Tempelanlage kann täglich von 08:00 bis 18:00 besichtigt werden und Sie zahlen nur einen Eintrittspreis von 50 Baht, wenn Sie den Phra Prang besichtigen möchten. Die umliegenden Gebäude sind wie gesagt frei zugänglich.

Anreisemöglichkeiten:

Mit dem Chao Phraya Express Boat gelangen Sie direkt zum Wat Arun, was die beste Möglichkeit ist, um

Ihr Ziel schnell und günstig zu erreichen. Eine Fahrt kostet 15 Baht. Die Fahrkarte sollten Sie sicher aufbewahren, da es sein kann, dass Sie auf der Fahrt nochmals nach dieser gefragt werden. Ebenso haben Sie die Möglichkeit, mit einem Hop On Hop Off Tourist Boat zum Tempel zu gelangen, für das Sie 50 Baht zahlen müssen. Natürlich gibt es die Möglichkeit, die Anreise auch mit einem Longtailboat anzutreten. Dies kostet jedoch 500 bis 1500 Baht und man wird entlang der Kanäle befördert, was einige Zeit dauert. Zusätzlich wird meist noch eine Gebühr verlangt, damit die Langboote an der Anlegestelle auf Sie warten, um Sie zu einem späteren Zeitpunkt zurückfahren zu können, und somit sind Sie teilweise auch zeitlich gebunden.

Adresse: 158 Thanon Wang Doem, Wat Arun
Tel.: +66 2 891 2185

WAT PHO

Dieser Tempel ist einer der größten und ältesten Tempel in Bangkok. Er wurde im 17. Jahrhundert errichtet und im 18. Jahrhundert restauriert und erweitert. Im Inneren des Wat Pho befindet sich der berühmte liegende Buddha, welcher sich über 45 Meter erstreckt, aus Stein und Gips errichtet ist und mit Goldblättchen überzogen wurde. An den Fußsohlen des Buddhas sind Symbole von königlicher und mythologischer Bedeutung sichtbar.

Auf der Tempelanlage finden Sie ebenso eine weitere Ordinationshalle, welche einen goldenen Buddha beherbergt, der auf einem Sockel angebracht ist, in dem sich die Asche von König Rama I. befindet. Außerdem befinden sich auf dem Innenhof vier Chedis, welche 42 Meter in den Himmel ragen, und unzählige chinesische Steinriesen sowie sitzende Buddhas, welche als Verzierung aufgestellt wurden. Zusätzlich besitzt Wat Pho eine eigene Massageschule, bei der die traditionelle Thai-Massage gelehrt wird. Der Abschluss an dieser Schule ist die höchste Auszeichnung, die man erwerben kann in diesem Gebiet. Der Tempel kann täglich von 08:30 bis 18:30 für 100 Baht besichtigt werden. Eine

Anreise kann per Taxi, Tuk Tuk oder zu Fuß erfolgen, ebenso mit dem Chao Phraya Expressboot.

Adresse: 2 Sanam Chai Rd, Phra Borom Maha Ratchawang, Phra Nakhon
Tel.: +66 2 226 0335

WAT PHRA KAEO

Ofizieller Name: Wat Phra Sri Rattana Satsadaram. Der Wat Phra Kaeo ist der Tempel des Königs und einer der bedeutendsten Tempel der Geschichte. Er findet seine Entstehung im 18. Jahrhundert. Der Eingang der Tempelanlage ist von mythologischen Figuren bewacht und vor dem Eingang des Tempels befinden sich bronzene Löwen. Im Inneren befindet sich der Smaragd Buddha, welcher rechts und links von goldenen und hohen Buddhas umgeben ist. Der Smaragd Buddha trägt einen königlichen Umhang, welcher dreimal im Jahr im Beisein des Königs gewechselt wird. Der Buddha selbst besteht nicht aus Smaragden, sondern aus Jade, welches eine Bezeichnung für verschiedene Minerale ist und ebenso grünlich und robust erscheint. Zusätzlich befinden sich auf dem Gelände acht Reliquienschreine und vier Hauptmonumente, welche im kambodschanischen Stil errichtet wurden. Das Tempelgelände steht Ihnen von 08:30 bis 16:00 offen und pro Person zahlen Sie einen Eintritt von 500 Baht. Erreichen können Sie dies per Taxi, Tuk Tuk oder zu Fuß.

Adresse: Na Phra Lan Rd, Phra Borom Maha Ratchawang, Phra Nakhon
Tel.: +66 2 224 3290

GRAND PALACE

Erbaut wurde der Grand Palace im 18. Jahrhundert und er wird seither stets weiter renoviert und restauriert. Er war bis 1946 die offizielle Residenz der Chakri-Dynastie und wird heute nur noch für besondere Anlässe oder Zeremonien verwendet. Der Grand Palace und der Wat Pra Kaeo befinden sich auf demselben Gelände und bilden sozusagen eine Einheit. Dabei kann das Ticket für den Wat Phra Kaeo auch für die Besichtigung vom Grand Palace genutzt werden. Umgeben ist der Palast von meterlangen weißen Mauern, so dass man von außerhalb nichts vom Tempel erkennen kann. Thailändische Bürger haben freien Eintritt zum Königspalast. Es ist ratsam, entweder sehr früh morgens oder kurz vor dem letzten Einlass (15:30) zu kommen, um dem Andrang von Touristen fern zu bleiben und die Anlage in Ruhe besichtigen zu können. Außerdem herrscht eine bestimmte Kleiderordnung, welche man aus Respekt gegenüber dem Königreich beachten sollte. Von den Aufsehern am Eingang wird entschieden, ob Sie die Ordnung einhalten. Sollte dies nicht der Fall sein, so werden Sie nicht zu den Kassen vorgelassen.

Achten Sie daher darauf, dass Männer und Frauen lange Hosen tragen und geschlossene Schuhe. Die Schultern sollten bedeckt sein und Hüte oder Mützen sollten nicht getragen werden. Keine durchsichtigen Kleidungsstücke tragen und keine bauchfreien Tops.

ANCIENT CITY

Thailändischer Name: Mueang Boran.

Sie wollen ein wenig abschalten und die Ruhe genießen, fernab von dem stressigen Stadtverkehr Bangkoks? Ancient City ist das größte Freilichtmuseum, welches 1963 eröffnet wurde und in dem die thailändische Kunst und Architektur im Vordergrund stehen. Es gibt eine Vielzahl an kleinen Tempeln, Palästen und Figuren, welche zu Fuß erkundet werden können, jedoch auch mit Fahrrädern, welche man sich kostenlos ausleihen kann, sowie mit einem Golfcart, was durch eine Gebühr genutzt werden kann. Ancient City gibt Ihnen eine kleine Auszeit in einer stressigen, aufregenden Stadt wie Bangkok. In den Gärten sind teilweise originale Werke verbaut, jedoch auch zum Teil restaurierte Kunstwerke, die dort ihren Platz gefunden haben.

Ebenso ist Acient City überall bepflanzt und erstrahlt in vielerlei Farben. Außerdem werden Sie einen lokalen Markt sowie einen schwimmenden Markt vorfinden, bei dem Sie Essen und Trinken kaufen können. Für eine komplette, ruhige und entspannende Besichtigung benötigen Sie circa 6

Stunden. Ein Tagesticket kostete dabei 700 Baht. Empfohlen wird die Anreise mit dem Skytrain. Fahren Sie bis zur Endhaltestelle Samrong und nehmen Sie von dort aus ein Taxi. Das ist die günstigste und schnellste Variante, um an Ihr Ziel zu kommen.

Adresse: 296/1 Sukhumvit Rd, Bang Pu Mai, Mueang Samut Prakan District, Samut Prakan

Tel.: +66 2 323 4095

CHINATOWN

Es ist das größte Chinesenviertel der Welt und somit eine echte Touristenattraktion, welche man unbedingt gesehen haben muss. Das Viertel entstand, während die Chinesen ausgesiedelt wurden, da Bangkok als neue Hauptstadt errichtet wurde. Es umfasst eine Vielzahl an Geschäften, Restaurants sowie Imbissstände und Garküchen. Darunter finden Sie Geschäfte für Textilien, Haushaltswaren, Spielzeug, Kosmetika, Kunsthandwerk, Tee und Gewürze sowie alles für den Elektronikbedarf. Die Straßen sind komplett überfüllt und nicht mit dem Auto befahrbar. Selbst mit Rollern oder Fahrrädern ist ein

Durchdringen dieses Viertel nicht ratsam. Selbst als Fußgänger sollte man viel Geduld mitbringen und nicht von Menschenmassen abgeschreckt sein. Neben den überfüllten Gassen befinden sich hier auch noch traditionelle Häuser aus Holz und Tempel im chinesischen Stil sowie die älteste Shopping Mall von Chinatown, welche schon errichtet wurde, als dieser Teil noch nicht zu Bangkok gehörte. Sie erhalten dort exotische und ausgefallene Sachen, alles zu einem kleinen Preis. Wird es dort nicht verkauft, so existiert es wahrscheinlich nicht. Sie werden alles erhalten, was Ihr Herz begehrt und wovon Sie nur träumen können. Bordelle und Prostituierte gibt es ebenfalls noch. Sie sind seit dem 20. Jahrhundert in Chinatown vertreten und ziehen sich bis in die kleinsten Gassen und Straßen. Chinatown ist des Weiteren dafür bekannt, einen großen Umsatz im Schmuckverkauf, besonders mit Gold- und Jadehandel, zu machen.

Sehenswürdigkeiten in Chinatown
China Gate- Im Odeons-Kreisverkehr wurde im Jahre 1999, zum Geburtstag des Königs, ein großes Eingangstor errichtet, welches im chinesischen Stil erbaut wurde und als Eintrittspforte für dieses

Viertel dient. Es wird auch „The Kings Birthday Celebration Arch" genannt.

Wat Mangkon Kamalawar – Diesen Tempel können Sie von 06:00 -18:00 besuchen und frei erkunden. Er ist immer gut besucht und viele Menschen kommen, um an diesem Ort zu beten oder Opfergaben niederzulegen. Er wird auch der Drachen-Lotus-Tempel genannt.

Wat Traimit – Er wird auch Tempel des Goldenen Buddhas genannt, da er die größte Buddha-Statue beherbergt, welche aus massivem Gold gefertigt ist. Er kann von 08:00 bis 17:00 für 40 Baht angesehen werden.

Suan Rommaninat - Ein Park mitten in Chinatown, welcher aus Baumalleen, Grünflächen und unzähligen Pflanzen und Blumen besteht. In diesem Gebiet befand sich früher das Stadtgefängnis, von dem sich heute nur noch ein Teil dort befindet, welcher zum Prison Corrections Museum umgebaut wurde. Abseits des Parkes nehmen Sie sich besser in Acht, da sich dort viele Waffengeschäfte befinden.

Zusätzlich können Sie eine Auswahl an Märkten erkunden, welche von Blumen über Gemüse, Obst, Fisch, Gewürze, Fleisch bis hin zu Elektronikwaren alles anbieten. Darunter sind die beliebtesten Märkte Talad Noi, Little India Bangkok und der Pak Khlong Talad oder auch Flower Market.

Um Chinatown zu erreichen, können folgende Wege eingeschlagen werden. Sie können mit dem Chao Phraya Express Boat bis zur Haltestelle Rachawongse fahren und sind direkt vor Ort. Mit dem Taxi können Sie für 100 Baht bis zur Yaowarat Road fahren, welche sich im Getümmel des Viertels befindet. Mit der U-Bahn erreichen Sie das Ziel, indem Sie bis zur Haltestelle Hua Lamphong fahren und noch etwa 5 Minuten zu Fuß zurücklegen. Eine genaue Ausschilderung ist dabei gegeben.

Sollten Sie in diesem Viertel unterwegs sein, so passen Sie auf Ihre Handtaschen, Taschen und Rucksäcke auf und nehmen Sie nur Sachen mit, welche Sie wirklich brauchen. Aufgrund der Menschenmassen kommt es schnell dazu, dass Taschendiebe zu Gange sind, und diese erkennen Touristen sofort und wissen genau, wie leichtsinnig manche Menschen mit Ihren Wertgegenständen umgehen. Lassen Sie daher nie Ihr Handy oder Portemonnaie in Ihrer Hosentasche!

CHATUCHAK WEEKEND MARKET

Ein absolutes Muss, wenn man in Bangkok sein sollte. Ein Wochenendmarkt, der von Samstag 00:00 bis Sonntag 23:59 geöffnet und immer gut besucht ist. Sie sollten daher sehr früh morgens oder sehr spät abends am Sonntag vorbeischauen, um dem Gedränge ein wenig aus dem Weg zu gehen.

In den engen Gassen gibt es sehr viel zu sehen und auch zu riechen. Neben tausenden Gewürzen finden Sie hier traditionelle asiatische und preisgünstige sowie hochwertige Produkte, besonders Kunstwerke. Selbst wenn Sie sich dazu entschließen, nichts zu kaufen und nur ein wenig über den Markt zu schlendern und zu schauen, ist dies natürlich akzeptabel und kein Händler wird Ihnen etwas aufdrängen wollen. Essen und Trinken erhalten Sie ebenfalls vor Ort und teilweise können Sie auch Speisen oder Snacks in kleinen Mengen probieren und testen. Für jeden Geschmack werden Sie etwas finden. Vorsicht ist jedoch auch hier wieder geboten: Sie sollten auf Ihre Wertgegenstände Acht geben. Um zum Markt zu gelangen, können Sie sich ein Taxi nehmen oder mit dem Tuk Tuk direkt dorthin fahren.

Adresse: Kamphaeng Phet Road/ Lat Yao, Chatuchak

LUMPHINI PARK

Inmitten von Bangkok finden Sie diesen Ort, um sich von den überfüllten Straßen und den lauten Geräuschen sowie von den Menschenmassen zu erholen und zu entspannen. 1920 wurde er in der Innenstadt von König Rama VI. erbaut, dessen Denkmal sich am Eingang des Parks befindet. Der Lumphini Park verfügt über viele künstlich angelegte Seen und Kanäle, welche mit einem Tretboot befahren werden können. Hier gibt es auch Jogging-Strecken und einen Trimm-dich-Pfad von über 2,5 Kilometern. Kinderspielplätze und Sportfelder stehen ebenso zur Verfügung. Veranstaltungen können für freien Eintritt besucht werden und werden immer sonntags vom Bangkoker Symphonie Orchester durchgeführt. Diese Veranstaltungen finden jährlich, außerhalb der Regenzeit, statt und werden somit von Dezember bis Februar ausgeführt. Es besteht zusätzlich die Möglichkeit, dass Sie einiges Tiere entdecken können. Im Park leben Warane sowie verschiedene

Vögel und in den Seen befinden sich Fische, die von Besuchern gefüttert werden dürfen. Die Anreise ist recht einfach und Sie können mit dem Skytrain direkt bis zum Eingang fahren; Ausstieg Haltestelle Sala Daeng. Außerdem kann die U-Bahn bis Lumphini genutzt werden oder Sie erkundigen sich bezüglich eines Busses, welcher regelmäßig am Park hält. Der Park ist täglich von 04:30 bis 21:00 geöffnet, größtenteils sogar mit Überwachungskameras ausgestattet und eine Polizeistreife ist immer unterwegs.

Sitten und Bräuche

Es gibt eine sehr große Anzahl an Sitten und Bräuchen in Thailand, welche natürlich nicht alle in diesem Buch niedergeschrieben werden können. Jedoch sind für eine Reise nach Bangkok oder Thailand allgemein einige Regeln auch als Tourist zu beachten. Vorneweg ist es wichtig, zu wissen, dass die Thais sehr abergläubisch sind und auch sehr viel Wert auf ihre Regeln, Gesetzte, Sitten und Bräuche legen. Versuchen Sie daher, die folgenden Regeln einzuhalten und zu respektieren, um die Einheimischen nicht zu verärgern.

KÖNIGSHAUS

Für Thailand ist das Königshaus und der König das Heiligste überhaupt. Daher sind Kritik und Beleidigungen nicht gestattet und werden mit jahrelangen Gefängnisstrafen bestraft. Auch das Beschädigen oder das malerische Verzieren von Bildern und Plakaten ist nicht gestattet. Morgens um 08:00 und abends um 18:00 ertönt täglich die Nationalhymne, der man aus Respekt und Treue lauscht und wobei man stillsteht. Dies wird von den Einheimischen durchgeführt und sollte auch von Ausländern und Touristen beachtet werden. Das gilt auch für Besuche der Königsfamilie oder in öffentlichen Einrichtungen, bei denen die Hymne ertönt. Gedemütigt wird der König außerdem, wenn man mit den Füßen auf einen Geldschein tritt oder einen heruntergefallenen Schein mit dem Fuß festhalten will, da er auf die Geldscheine gedruckt ist und die Füße als das Niedrigste gelten.

BEGRÜßUNG

Zur Begrüßung gibt man sich in Thailand nicht die Hand, da es als eine unfreundliche Geste gilt. Der Wai ist die traditionelle Geste, bei der die Hände auf Brusthöhe zusammengelegt werden. Dies ist ein Zeichen von Gruß und Respekt. Je höher die Hände vor dem Körper gehalten werden, umso mehr Respekt hegt man der Person gegenüber. Wird jedoch eine sitzende Person begrüßt, so gehört es sich, dass der Kopf geneigt wird und eine kleine Verbeugung stattfindet. Die männliche Begrüßung lautet „Sawadee krap", die weibliche Form heißt „Sawadee kaa".

ANREDE

Die Anrede einer Person erfolgt nicht mit dem Familiennamen, auch dann nicht, wenn Ihnen eine fremde Person gegenübersteht. Man verwendet zur Ansprache den Vornamen und setzt das Wort „Khun" davor, welches geschlechtsneutral ist und bei Männern und Frauen gleich verwendet werden kann. Das Wort Khun dient dazu, eine höfliche und angenehme Ansprache hervorzubringen, da es noch weitere Möglichkeiten gibt, welche jedoch nur im familiären Kreis Anwendung finden.

REINE UND UNREINE KÖRPERTEILE

Der Kopf eines Thai ist das Höchste und Heiligste des Körpers und wird als Sitz der Seele bezeichnet. Dieser darf nie berührt werden und geschieht dies doch, so sollten Sie sich bei der Person entschuldigen und den Wai ausführen. Die Füße des Körpers stellen hingegen das Niedrigste dar und alles, was von den Füßen berührt wird, ist unrein. Daher sollten Sie darauf achten, vor dem Betreten von Räumen Ihre Schuhe auszuziehen, was nicht nur bei Tempelräumen wichtig ist, sondern auch bei Besuchen von Familien in privaten Wohnungen. Ebenso müssen Sie darauf achten, dass Ihre Füße beim Sitzen nie auf eine andere Person zeigen. Sollte es Ihnen doch passieren, entschuldigen Sie sich umgehend.

FINGER UND HÄNDE

Es gehört sich, dass mit dem Finger nur auf Gegenstände gezeigt werden darf und nie auf Personen, ansonsten wird die Person gedemütigt. Ebenso ist die linke Hand in Thailand die unreine Hand, mit der man sich auf Toilette reinigt. Daher gibt man überall Geld nur mit der rechten Hand aus. Auch Touristen sollten darauf achten, da sonst das Geld nicht angenommen wird.

GEBUNDENE BLUMEN

Fast überall können Sie gebundene Blumenkränze sehen sowie Blumengirlanden und Kränze. Diese werden meist als Opfergaben für Geburtstage oder Tempel angefertigt. Thais sind sehr abergläubisch und nutzen die gebundenen Blumen als Glücksbringer und als Opfergabe für Buddha. Sie glauben, dass, wenn man daran riecht, die Blüten verunreinigt sind und somit das Glück und der Zauber verloren gehen.

BUDDHISTISCHE MÖNCHE

Sie können in oder nahe aller Tempelanlagen buddhistische Mönche antreffen und sich mit ihnen unterhalten. Jedoch ist eine angemessene Begrüßung erforderlich und der Wai wird in Stirnhöhe ausgeführt. Außerdem sollten Sie darauf achten, dass, wenn Sie mit einem Mönch umherlaufen, Sie immer ein wenig hinter ihm laufen und dass er beim Eintritt in einen Raum immer Vortritt hat. Frauen dürfen keinesfalls einen Mönch berühren und umgekehrt. Sollte dies dennoch passieren, so müssen sich Mönche einer aufwendigen Reinigungszeremonie unterziehen.

KELLNER HERBEIRUFEN

Wenn Sie in einem Restaurant oder Speiselokal Essen gehen, ist es wichtig, dass Sie den Kellner nicht an den Tisch rufen. Sie machen sich bemerkbar, indem Sie die Hand mit der Handfläche nach unten heben und mit den ausgestreckten Fingern wackeln.

LIEBKOSUNG IN DER
ÖFFENTLICHKEIT

Zärtlichkeiten zwischen Männern und Frauen werden in der Öffentlichkeit nicht gerne gesehen und sind somit zu unterlassen. Küssen, umarmen und Händchenhalten zählen zu sexuellen Zärtlichkeiten und sind in der Gesellschaft ein Tabuthema.

Feiertage und Festivals

01. Januar	Neujahrstag
11. Januar	Nationaler Kindertag
16. Januar	Tag des Lehrers
25. - 27. Januar	Chinesisches Neujahr
8. Februar	Makha Bucha – Gedenken an Treffen mit Buddhas Anhängern
6. April	Chakri-Gedenktag
13. April	Thailändisches Neujahr
13. - 15. April	Songkran
4. Mai	Krönungstag
6. Mai	Visakha Bucha – Gedenken an Geburt, Erleuchtung und Nirvana

	Buddhas
13. Mai	Königliche Pflugzeremonie
5. Juli	Asalha Bucha – Gedenken an die erste Predigt Buddhas, Beginn der buddhistischen Fastenzeit
28. Juli	Geburtstag des Königs Rama X.
12. August	Geburtstag der Königin
13. Oktober	Todestag von König Bhumibol
23. Oktober	Chulalongkorn – Todestag von König Chulalongkorn
5. Dezember	Geburtstag von König Bhumibol
10. Dezember	Tag der Verfassung
24. Dezember	Heiligabend
31. Dezember	Silvester

Religiöse Feste und Feiertage sind über das ganze Jahr verteilt und werden meist auch über mehrere Tage zelebriert. In Thailand wird jede Gelegenheit genutzt, um sich schick zu kleiden, zu feiern und gute Laune zu verbreiten. Das steigert das Zusammenhörigkeitsgefühl und trägt somit viel zur Lebensfreude bei. Dabei sind die zwei wichtigsten und größten Feste überhaupt das Chinesische Neujahrsfest und Songkran, welche im Folgenden näher erläutert werden.

DAS CHINESISCHE NEUJAHRSFEST

Das chinesische Neujahrsfest ist vergleichbar mit unserem Weihnachten und erstreckt sich ebenso über drei Tage. Es findet im Familienkreis statt und hat eine große Bedeutung für die Thais. Das Fest richtet sich nach dem zweiten Neumond nach der Wintersonnenwende und findet meist zwischen dem 21. Januar und dem 21. Februar statt. Das Neujahrsfest wird 15 Tage lang gefeiert und jeder Tag hat dabei eine besondere Bedeutung für die Familien. Jedoch beginnen die Vorbereitungen meist schon Wochen vorher: Die Häuser und Wohnungen werden geputzt und gereinigt, damit man keinen Schmutz ins neue Jahr mitnimmt. Jedes Familienmitglied muss seinen Beitrag beim Großputz leisten. Außerdem werden die Straßen und Gebäude in der Farbe Rot geschmückt, da dies für Freude, Glück und Wohlstand sorgen soll. Am Vorabend des Chinesischen Neujahrsfestes gibt es traditionelle Gerichte, bestehend aus Reis mit Hühnchen und Fisch. Jedoch werden die Speisen nicht vollständig aufgegessen, da dies für Wohlstand steht. Ab 23 Uhr werden Böller und Raketen gezündet, um alle bösen Geister zu vertreiben und das neue Jahr rein zu beginnen. In Chinatown werden am Neujahrstag Drachentänze aufgeführt und diese ziehen durch die Straßen, was herrlich anzusehen ist. Um das Fest familiär genießen zu können, sind an diesen Tagen alle Geschäfte geschlossen.

SONGKRAN

Das alte thailändische Neujahr beginnt immer Mitte April und wird nach dem Mondkalender berechnet. Es wird auch als Wasserfestival bezeichnet. An diesen Tagen werden die Buddha-Statuen gesalbt und auf den Straßen wird mit Wasser gefeiert, um das Unglück abzuwaschen. Sollten Sie an diesen Tagen in Bangkok sein, ziehen Sie sich alte Sachen an oder Kleidung, welche schnell trocknet, da es unmöglich ist, trocken zu bleiben. Es wird mit Wasserpistolen und Wassereimern gewartet und bei jeder Gelegenheit werden diese entleert.

Auf Wiedersehen

Hoffentlich war der Ratgeber ein guter Reiseführer und hat Ihnen einen Eindruck davon gegeben, was Sie in Bangkok erwarten wird. Vielleicht war er sogar unterwegs ein praktischer Helfer und hat Ihnen Tipps gegeben, um so viel wie möglich zu erleben und zu sehen. Bangkok ist einfach eine Stadt, die Sie nicht mehr vergessen werden.

Haben Sie eine gute Reise und verbringen Sie eine tolle Zeit in der **Weltmetropole Thailands!**

Packliste

Geld & Finanzen

O (evtl.) Auslandswährung
O Bargeld
O Bauchtasche
O Brustbeutel
O Bauchtasche
O EC-Karte
O Kreditkarte
O Notfall-Telefonnummern der Banken
O Portmonee

Hygiene

O Haarbürste / Kamm
O Deo (klein)
O Shampoo
O Kulturtasche
O Sonnencreme
O Taschentücher

O Reise-Zahnbürste und Zahnpasta
O Verhütungsmittel

Kleidung

O Badeklamotten
O Gürtel
O Hosen kurz / lang
O Mütze / Cap / Hut
O Pullover
O Regenjacke
O Schlafanzug
O Socken
O Sonnenbrille
O Sportklamotten / Jogginghose
O T-Shirts
O Unterwäsche

Medikamente

O Blasenpflaster
O Anti-Durchfalltabletten
O Erste-Hilfe-Set

O Fiebertabletten
O Fiebertabletten
O Mückenschutz
O sonstige Medikamente
O Pflaster
O Kopfschmerztabletten

Unterlagen & Papiere

O ADAC Unterlagen
O Adresslisten für Postkarten
O Krankversicherungsnachweis
O Stadtplan
O Führerschein
O Unterlagen für die Unterkunft
O Wasserdichte Hülle für Reiseunterlagen
O Impfausweis
O Mietwagenunterlagen
O Personalausweis
O Reisepass
O Reisetagebuch
O evtl. Studentenausweis

O evtl. Visum
O Zug- / Bahn- / Flugticket

Taschen & Rucksäcke

O Koffer / Trolley / Reisetasche
O Regenhülle für Rucksack
O Rucksack

Schuhe

O Badeschlappen / Hausschuhe
O Schuhe und Wechselschuhe

Sonstiges

O Brille / Kontaktlinsen und Etui
O Buch zum Lesen
O Ohrenstöpsel und Schlafmaske
O Regenschirm
O Reisedecke
O Wasserflasche
O Wörterbuch

Elektronik

O Digitalkamera
O Handy
O Ladekabel
O Kopfhörer
O evtl. Steckdosenadapter
O Power-Bank

Herstellung und Verlag:

BoD – Books on Demand, Norderstedt

ISBN: 9783750470637

© Anita Dannen 2020

1. Auflage

Kontakt: Psiana eCom UG/ Berumer Str. 44/ 26844 Jemgum

Covergestaltung: Fenna Larsson

Coverfoto: depositphotos.com